Dieses Buch gehört

....

Liebe Eltern,

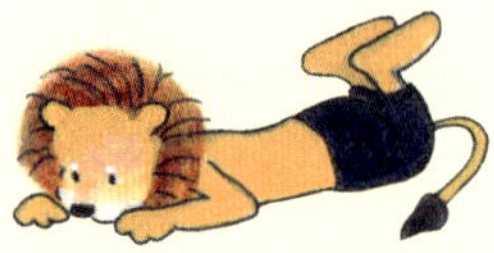

wir wollen Ihr Kind beim Lesenlernen unterstützen, und zwar mit Geschichten, die Spaß machen.

Unsere Bücher mit dem liebenswerten Leselöwen begleiten Ihr Kind durch die 1. Klasse. Sie enthalten eine spannende Geschichte mit einfachen Sätzen und gut lesbarer Schrift. Viele bunte Bilder sorgen für Lesepausen und helfen, die Geschichte zu verstehen. Mit den Aufgaben zum Text kann Ihr Kind selbst prüfen, ob es den Text richtig verstanden hat. Zu den markierten Wörtern warten am Ende des Buches spannende Fakten und in unserem Onlineportal finden Sie viele weitere Extras!

So wird Ihr Sohn oder Ihre Tochter zum echten Leselöwen!

Ihr

Leselöwe!

Leselöwen

Ann-Katrin Heger

Ein Tag in der Tierarzt-Praxis

Illustriert von Florentine Prechtel

Loewe

www.leseloewen.de

FSC
www.fsc.org
MIX
Papier | Fördert gute Waldnutzung
FSC® C018236

ISBN 978-3-7855-8902-1
3. Auflage 2025

Umschlag- und Innenillustrationen: Florentine Prechtel
Umschlaggestaltung: Michael Dietrich
Vignetten Leselöwe: Angelika Stubner

Druck und Bindung: Drukarnia Dimograf Sp. z o.o.,
ul. Legionów 83, 43-300 Bielsko-Biala, POLEN
produktsicherheit@loewe-verlag.de

www.loewe-verlag.de

Inhalt

Fussel

„Hoffentlich kommt
die Tierärztin bald“,
denkt Matti.
Er hat drei Mal geklingelt.

Niemand hat aufgemacht.
Er sitzt auf den Stufen
vor der **Tierarzt-Praxis** und
streichelt seine Katze Fussel.

Sie maunzt kläglich.
„Alles wird gut, meine Kleine“,
flüstert er in ihr Puschelohr.

Fussel hebt den Kopf
und schnurrt leise.

KLONK, KLONK klappern Hufe
die Straße herauf.
Im nächsten Moment biegt
eine Kutsche um die Ecke.

„BRRR, Apfelmus“,
sagt die Frau
auf dem Kutschbock.

Das braune Pony
bleibt vor Matti stehen
und schnaubt.

„Na so was!“, ruft die Frau.
„Wir werden erwartet!“
Schnell spannt sie das Pony aus
und bindet es an.

Sie streckt Matti die Hand hin.
„Ich bin Tierärztin Fanni Klein.
Wie kann ich dir helfen?"
Fussel miaut leise.

„Meine Katze ist krank“,
erklärt Matti.
„Können Sie sie untersuchen?“
„Na klar“, sagt die Tierärztin.

Überraschung

Sie sperrt die Tür auf
und führt Matti und Fussel
ins Sprechzimmer.

Vorsichtig untersucht sie Fussel.
Sie guckt in ihre Ohren,
misst die Temperatur
und tastet ihren Bauch ab.

Dann lächelt sie und sagt:
„Fussel bekommt **Junge**.“
„Sie braucht es jetzt
ruhig und bequem.“

Die Tierärztin trägt Fussel
in einen anderen Raum.
„Wir sehen ab und zu nach,
ob es ihr gut geht.“

Matti nickt. Dann kichert er.

Katzenbabys?

Was Mama wohl sagen wird?

Er ruft sie gleich an.

Dann fragt Frau Klein:
„Willst du mein Helfer sein?“
„Gerne“, sagt Matti und
bekommt einen weißen Kittel.

Mattis Blick fällt
auf ein Foto von Fanni Klein.
Sie steht neben einer Kuh.
„Machst du auch Kühe gesund?“

„Klar“, antwortet Frau Klein.
„Ich fahre zu den Bauernhöfen
und helfe kranken Pferden,
Kühen und Schweinen.“

„Aber jetzt gucken wir mal,
wer im Wartezimmer sitzt.“

Sprechstunde

„Die Erste bitte!“, ruft Matti.
Ein Mädchen setzt
ihr **Meerschweinchen**
auf den Behandlungstisch.

„Der Fuß von Max blutet“,
sagt sie.
Fanni Klein säubert
und versorgt die Wunde.

Matti und das Mädchen
streicheln das Meerschwein.
Es bleibt ganz ruhig.

„Das wird schnell heilen“,
beruhigt die Tierärztin.
Als Nächstes soll ein weißer
Schäferhund **geimpft** werden.

Doch er hat Angst und winselt.
Matti spricht leise
mit dem Hund. Das hilft.
PIKS! Schon ist es vorbei.

Der Hund hat die Spritze
gar nicht gespürt.
„Du hilfst mir sehr“,
lobt die Tierärztin Matti.

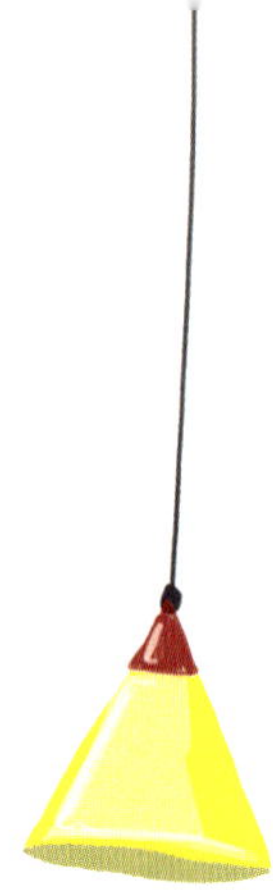

Juhu, Katzenbabys!

Vor der nächsten Behandlung
schauen die beiden nach Fussel.
Nun maunzt sie nicht mehr.

Neben ihr liegen
drei kleine Fellknäuel.
Ein schwarzes, ein weißes
und ein geflecktes.

„Wie niedlich!“, flüstert Matti.
Fussel schleckt die Babys
mit ihrer rauen Zunge sauber.
„Gut gemacht“, lobt Frau Klein.

Fussel legt sich auf die Seite,
damit die kleinen Katzen
an den Zitzen trinken können.

In diesem Augenblick
kommt Mattis Mama herein.
„So eine Überraschung!“,
ruft sie.

Sie küsst Matti auf die Wange.
„Dann packe ich jetzt meine neue große Familie ein und nichts wie ab nach Hause!“

Im Auto streicht Matti Fussel
und den Babys zart übers Fell.
Wenn er mal groß ist, will er
unbedingt **Tierarzt** werden!

Fragen und Antworten

1. Wie heißt Mattis Katze? Kreuze an.

- ☐ Krümel
- ☐ Fussel
- ☐ Flecki

Antwort: Fussel

2. Welches Tier wird geimpft? Kreise ein.

Antwort: Schäferhund

3. Immer zwei Silben ergeben ein Tier aus der Geschichte. Findest du die beiden Tiere?

N Y K A T P O Z E

Antwort: Pony, Katze

4. Wie heißt die Tierärztin mit Nachnamen? Suche das richtige Wort im Buchstabengitter.

G	R	O	K	O
P	L	I	L	E
L	O	P	E	L
F	A	N	I	N
V	E	R	N	G

Antwort: Klein

5. Wie viele Kätzchen bekommt Mattis Katze? Finde die passende Aufgabe.

5-4=

5-3=

5-2=

Antwort: 5-2=3

Schon gewusst?

Tierarzt-Praxis (Seite 9):

Fanny Klein kümmert sich um alle Tiere. Die meisten Tierärzte sind aber spezialisiert. In der Stadt gibt es viele Kleintierpraxen für Haustiere. Landtierärzte behandeln überwiegend Großtiere wie Kühe oder Pferde.

Junge (Seite 20):

Katzenjunge werden nach ungefähr zehn Wochen geboren, meistens sind es zwei bis fünf Kätzchen. Zusammen nennt man sie einen Wurf.

Meerschweinchen (Seite 27):

Meerschweinchen leben nicht etwa im Meer, sondern sind über das Meer zu uns gekommen. Spanische Seefahrer brachten sie vor vielen Jahrhunderten aus Südamerika mit. Und da ihr Grunzen und Quieken an die Laute von Schweinen erinnert, heißen sie Meerschweinchen.

Impfen (Seite 30):

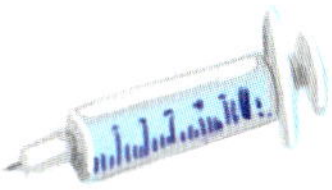

Bei einer Impfung bekommt der Körper kleine Mengen der Viren, vor denen der Körper geschützt werden soll. So kann er schon mal üben, sich gegen sie zu wehren. Falls man sich wirklich ansteckt, bricht die Krankheit nicht aus.

Tierarzt (Seite 39):

Um Tierarzt zu werden, studiert man Tiermedizin an der Universität. Man lernt aber nicht nur aus Büchern, sondern hilft auch bei Tierärzten, so wie Matti in der Geschichte.

Blättere schnell um und trage die blauen Buchstaben in der richtigen Reihenfolge in die Kästchen ein!

Ann-Katrin Heger arbeitete viele Jahre als Redakteurin in verschiedenen Kinder- und Jugendbuchverlagen, bevor sie sich als Autorin selbstständig machte. Sie lebt mit Mann, Kater, Kindern und Büchern in Fürth.

Florentine Prechtel wurde 1965 in Mönchengladbach geboren und malte schon als Kind für ihr Leben gern. Deshalb studierte sie später auch Malerei und Grafik-Design. Seit 1996 illustriert sie Kinderbücher und lebt heute mit ihrer Familie in Freiburg.

Das Leselöwen-Lösungswort

Besuche den Leselöwen auf
www.leseloewen.de und trage
die farbigen Buchstaben
von den Seiten *Schon gewusst?*
in der richtigen Reihenfolge
in die magische Box ein.

Wenn du das Lösungswort
gefunden hast, kommst du auf
die geheime Seite mit vielen
weiteren Spielen und Rätseln!

Der **Leselöwe** freut sich auf dich!